BEI GRIN MACHT SICH IHR WISSEN BEZAHLT

- Wir veröffentlichen Ihre Hausarbeit,
  Bachelor- und Masterarbeit

- Ihr eigenes eBook und Buch -
  weltweit in allen wichtigen Shops

- Verdienen Sie an jedem Verkauf

Jetzt bei www.GRIN.com hochladen
und kostenlos publizieren

Bibliografische Information der Deutschen Nationalbibliothek:

Die Deutsche Bibliothek verzeichnet diese Publikation in der Deutschen National-bibliografie; detaillierte bibliografische Daten sind im Internet über http://dnb.d-nb.de/ abrufbar.

Impressum:

Copyright © 2012 GRIN Verlag, Open Publishing GmbH
Druck und Bindung: Books on Demand GmbH, Norderstedt Germany
ISBN: 978-3-668-03688-8

Dieses Buch bei GRIN:

http://www.grin.com/de/e-book/303597/nationalsozialistische-vergangenheitsbe-waeltigung-in-der-gegenwartsliteratur

Milena Gutsch

Nationalsozialistische Vergangenheitsbewältigung in der Gegenwartsliteratur nach 1989

Ausarbeitung zur mündlichen Examensprüfung germanistische Literaturwissenschaft

GRIN Verlag

GRIN - Your knowledge has value

Der GRIN Verlag publiziert seit 1998 wissenschaftliche Arbeiten von Studenten, Hochschullehrern und anderen Akademikern als eBook und gedrucktes Buch. Die Verlagswebsite www.grin.com ist die ideale Plattform zur Veröffentlichung von Hausarbeiten, Abschlussarbeiten, wissenschaftlichen Aufsätzen, Dissertationen und Fachbüchern.

Besuchen Sie uns im Internet:

http://www.grin.com/

http://www.facebook.com/grincom

http://www.twitter.com/grin_com

Nationalsozialistische Vergangenheitsbewältigung in der Gegenwartsliteratur nach 1989

<u>Primärliteratur:</u>
Kurt Drawert: *Spiegelland. Ein deutscher Monolog* (1992)
Bernhard Schlink: *Der Vorleser* (1995)
Hans-Ullrich Teichel: *Der Verlorene* (1998)
Bernhard Schlink: Die Beschneidung. In: *Liebesfluchten.* (2000)
Uwe Timm: *Am Beispiel meines Bruders* (2003)
Tanja Dückers: Himmelskörper (2003)
Stephan Wackwitz: *Ein unsichtbares Land* (2003)
Ulla Hahn: *Unscharfe Bilder* (2003)

<u>Sekundärliteratur:</u>
Baßler, Moritz (Hg.) (2002): *Der deutsche Pop-Roman. Die neuen Archivisten.* München Beck -> Baßler: Probleme des Realismus S. 69-79
Knobloch, Hans-Jörg (2001): Eine ungewöhnliche Variante in der Täter-Opfer-Literatur: Bernhards Schlinks Roman „Der Vorleser". In: Gerhard Fischer, David Roberts (Hg.): *Schreiben nach der Wende. Ein Jahrzehnt deutscher Literatur 1989-1999.* Tübingen: Staufenburg Verlag. S. 89-97
Freund, Wieland; Freund, Winfried (2001): *Der deutsche Roman der Gegenwart.* München: Fink -> Graf, Guido: was ist Luft unserer Luft?
Gansel, Carsten; Zimniak, Pawel (2010) (Hg.): *Das „Prinzip Erinnerung" in der deutschsprachigen Gegenwartsliteratur nach 1989.* Göttingen: V+R Unipress
Köhler, Andrea (Hg.) (1998): *Maulhelden und Königskinder : zur Debatte über die deutschsprachige Gegenwartsliteratur.* Leipzig: Reclam
Ostermann, Michael (2004): *Aporien des Erinnerns. Bernhard Schlinks Roman „Der Vorleser".* Bochum: Dolega
Preusser, Heinz-Peter (2003): „Täter werden Opfer und vice versa" in: ders. (Hg.): *Letzte Welten. Deutschsprachige Gegenwartsliteratur diesseits und jenseits der Apokalypse.* Heidelberg: Winter S.268-299
Wehdekind, Volker; Corbin-Schuffels, Anne-Marie (Hg.) (2003): Deutschsprachige Erzählprosa seit 1990. Interpretationen-Intertextualität-Rezeption. Trier: WVT

- Die literarische Verarbeitung der nationalsozialistischen Vergangenheit setzte nicht erst in den 1990er Jahren ein, sondern hat ihren Anfang in der Trümmerliteratur oder Literatur der Stunde Null; doch die Betrachtung und Auseinandersetzung mit dem Nationalsozialismus und dem 2. WK erfolgte über die Zeit hinweg seit 1945 aus verschiedenen Blickwinkeln und mit unterschiedlicher Gewichtung
- Bezüglich der gesell. nationalsozialistischen Vergangenheitsbewältigung und Aufarbeitung sind die Nachkriegszeit und die ersten Gründerjahre der BRD durch ein kollektives Verschweigen der Naziverbrechen gekennzeichnet
- Den Verbrechen an den Juden wurde zunächst keine gesonderte Stellung im gesamten Kriegszusammenhang eingeräumt u. die Vernichtung der Juden wurde als Teil des Kriegsgeschehen angesehen

- Die Juden stellten eine Gruppe von mehreren Opfergruppen des Krieges dar, daneben standen die deutschen Opfer und Heimatvertriebenen -> Kriegsopfer wurden generalisiert
- In den ersten Nachkriegsjahren ging es auf gesell.-politischer Ebene in Anbetracht der vollständigen Niederlage vor allem um die Bildung einer neuen nationalen Identität, die konträr zur Erfahrung des Nationalsozialismus und des Holocausts gebildet werden musste
- Im Bereich der Literatur der Nachkriegsjahre löste Theodor Adorno mit seinem Diktum: „Nach Ausschwitz ein Gedicht zu schreiben, ist barbarisch" und unmöglich (1951) eine literaturtheoretische Debatte aus
- Die literaturtheoretischen Debatten beschäftigten sich zwar mit der Frage, wie der Holocaust literarisch darzustellen sei, aber Romane und Gedichte, die sich mit dem Massenmord beschäftigten, blieben die Ausnahme; die Trümmerliteratur oder auch die Literatur der Stunde Null beinhaltete v.a. die Erfahrungen der Kriegsheimkehrer, das Leben der deutschen Bevölkerung direkt nach dem Krieg (die Zerstörung der Städte, der Hunger, der absolute Neubeginn und die Neuorientierung nach dem Fall des Hitler-Regimes)
- Kritische Auseinandersetzung mit dem nationalsozialistischen Wertesystem, mit den Verbrechen an den Juden und Regimegegnern, mit den Massenmorden und Fragen nach der Schuld fand bis in die 1950er Jahre kaum statt -> vielmehr herrschte Schweigen, statt Konfrontation
  > Die Aufarbeitung der nationalsozialistischen Vergangenheit zeichnete sich anfänglich durch Sprachlosigkeit gegenüber dem Erlebten und Geschehenen aus
- Die 60er Jahre bilden einen entscheidenden Wendepunkt im Umgang mit der Holocausterinnerung
- Die Aufarbeitung entwickelte sich zu einem moralisierenden und anklagenden Instrument der Schriftsteller den individuellen Zwang zur Erinnerung zu thematisieren u. die gesell. dominante Neigung zum Verschweigen und Vergessen anzuklagen
- Die 2. Generation hat sich ihr eigenes Konzept kollektiver Identität in der kritischen Auseinandersetzung mit der Generation ihrer Väter und Mütter entwickelt, so dass die kritische Auseinandersetzung mit der bisherigen Form der Vergangenheitsbewältigung einsetzte
- Die Auseinandersetzung mit der nationalsozialistischen Vergangenheit sollte nicht mehr nur auf politischer Ebene, sondern auch auf gesamtgesellschaftlicher Ebene erfolgen (in der Familie, in den wissenschaftlichen und juristischen Bereichen) -> für die zunehmende verändernde Erinnerungskultur waren eine Reihe von Gerichtsprozessen verantwortlich, die durch die Medien an eine große Öffentlichkeit getragen wurden (z.B. Frankfurter Ausschwitz Prozess, dauerte 2 Jahre) -> die 68er Generation begann konkret nach der Verstrickung der Zeitzeugengeneration und der eigenen Väter und Mütter in das NS-Regime zu fragen; es wird sich mit der Schuldthematik der 1. Generation befasst und zwar nicht nur bezüglich der individuellen, sondern auch der gesamtdeutschen Schuld; zudem wurde mit der bisherig vollzogenen Vergangenheitsbewältigung, das Verschweigen und Tabuisieren, abgerechnet
- Dieser Holocaust-Diskurs setzte sich vor allem auch auf literarischer Ebene durch (bis in die 1980er Jahre hinein) -> es ist die Literatur der Abrechnung mit den Vätern -> dieser Typus der Erinnerungsliteratur wird auch „Väterliteratur" genannt: steht im Zeichen der Abrechnung und der Konfrontation mit dem Vater, d.h. mit den Tätern, und der moralischen Kritik am Verhalten der Eltern während des Hilter-Regimes sowie an der Art und Weise der Vergangenheitsaufarbeitung; in der Väterliteratur kommt auch die Identitäts-Verunsicherung der Täter-Kinder zum Ausdruck
- Die Opferperspektive verschiebt sich: der Blick verlagert sich auf die Opfer der Deutschen und die Deutschen selbst werden v.a. als Täter gesehen; weniger die Verbrechen an den Opfern des Regimes stehen im Mittelpunkt, als vielmehr die Anklage der Täter und deren Verhalten (Verdrängen, Verschweigen)

- Diese Auseinandersetzung gipfelte letztlich in der Studentenrevolte von 1968 -> es kam zu einem Bruch mit der Kriegsgeneration; führte auch zu einer Veränderung der Auseinandersetzung mit der eigenen nationalsozialistischen Vergangenheit auf gesell. Ebene
  - ➢ Zunehmende moralisch kritische Auseinandersetzung setzte sich auch auf lit. Ebene durch: es entstehen erstmalig Dramen und Dokumentarstücke, die nationalsozialistische Täter auch namentlich angreifen (Rolf Hochhuths Drama: Der Stellvertreter; Peter Weiss Dokumentarstück: „Die Ermittlung"; Kipphardts „Bruder Eichmann")
  - ➢ Es lassen sich zunehmend Werke ausmachen, die sich mit der Schuldthematik der „ersten Generation" befassen (Martin Walsers Aufsatz: Unser Auschwitz -> Auschwitz-Prozesse waren Anlass, behandelt die Schuld der gesamten deutschen Bevölkerung; Christa Wolfs Roman: Kindheitsmuster -> thematisiert die Schuldfrage und die Notwendigkeit der historischen Erinnerung)
- Ab den 1990er Jahren setzt eine neue Erinnerungskultur ein -> herrschte zuvor eine Trennung zw. privater und öffentlicher Erinnerung, so ist diese nun aufgelöst
- Nun wurden und werden die privaten und persönlichen Erinnerungen an den Holocaust und die Zeit des nationalsozialistischen Regimes thematisiert, wobei hier nicht eigene, direkt gemachte Erfahrungen gemeint sind, sondern das eigene Erinnern und Wissen bzw. nicht Wissen, die Verstrickung der eigenen Familie, der eigenen Person in die nationalsozialistische Zeit und den Krieg
- Als Ursache hierfür ist die Tatsache anzusehen, dass 50 Jahre nach dem Kriegsende die Zeitzeugen dieser Zeit allmählich abtreten und -> Erinnerungsflut (Mahnmale, Ausstellungen, Literatur) stellen Versuche dar, wie zukünftig die Erinnerung an diese deutsche Vergangenheit aufrechterhalten und für die weiteren Generationen dokumentiert werden kann
- An der Form der Erinnerungsliteratur ab den 1990er Jahren ist die Fokussierung auf die eigene Familiengeschichte auffallend -> ihre Texte stellen einen Zusammenhang zw. den jeweiligen Generationen der Familie her und beleuchten das Verhältnis dieser zueinander -> man spricht auch von Familien- o. auch Generationsroman
- Hierbei wird die Suche nach der eigenen Vergangenheit mit der Geschichte der Eltern und Großeltern verknüpft; es wird ein neuer Wissensdrang der dritten Generation, der Enkelgeneration, spürbar; die wieder fragt, inwieweit die eigenen Verwandten in die Verbrechen der Nazizeit, in den Krieg verstrickt war, inwieweit Vergangenheitsbewältigung erfolgt ist u. in welchem Verhältnis die Familienangehörigen zu jener Zeit stehen; diese Suche nach der Familiengeschichte ist dabei oft mit fundiertem Geschichtswissen verwoben -> die Vergangenheit ist sehr präsent und Historisches wird oft Folie zum Verständnis der Gegenwart

Väterliteratur/ Vaterbücher
- Mitte der 1970er bis Anfang der 1980er Jahre
- Unzählige Bücher erschienen, die das Thema Faschismus und Drittes Reich auf die private Ebene ausweiteten
- Identisch ist in allen Erzähltexten der Wunsch, das versäumte Gespräch mit dem Vater nachzuholen
- Dieser Wunsch ist meist als Utopie formuliert: entweder wird die Aussprache mit dem Vater nach dessen Tod imaginiert oder sie wird erfunden, da eine Aussprache mit dem noch lebenden Vater unmöglich erscheint
- Oft stellt der Tod des Vaters den unmittelbaren Auslöser dar, sich mit der eigenen Vergangenheit auseinanderzusetzen -> erst in der Rückschau wird die im Leben gescheiterte, verdrängte oder erfolglose Verständigung möglich

- Es werden die in der Vergangenheit in der Familie gemachten schmerzhaften Erfahrungen erzählt -> sie zeugen vom Spannungsverhältnis zw. der Liebe zum Vater und empfundenen Ablehnung des Vaters
- Viele Autoren haben bereits selbst Kinder und so wird die Auseinandersetzung mit der eigenen Beziehung zu den Eltern als notwendige Vorleistung empfunden, um eine Kommunikationsstörung zu den eigenen Kindern vorzubeugen
- Bei dieser literarischen Annäherung handelt es sich meist um eine negativ geprägte Abrechnung mit den Eltern, die verantwortlich gemacht werden für verhinderte Identität und für verlorenes Glück
- Der Konflikt mit der Elterngeneration wirft dabei die Frage nach der eigenen Identität auf -> von der Suche nach dem wahren Ich des Vaters versprechen Sie sich Klärung für ihre eigenes Leben und ihr Selbstverständnis
- In den Erzählungen, die oft autobiographisch sind, wird teilweise auch auf dokumentarisches Quellenmaterial zurückgegriffen (zur Veranschaulichung der Biografie des Vaters)
- Oft sind die Auseinandersetzungen mit den Vätern von den eigenen verletzten Gefühlen beherrscht, so dass sie meist eine Abrechnung mit den Vätern werden
- Es werden Schlüsse aus der familiären Sozialisation gezogen
- Zudem verfolgen die Vaterbücher das Ziel, den nationalsozialistischen Hintergrund der Väter aufzuhellen und es wird dabei gefragt, inwieweit die Väter in das Netz der kollektiven Schuld hinein verwoben waren

Gegenwärtige Erinnerungliteratur
- Die Erinnerungsliteratur zu Nationalsozialismus und 2. Weltkrieg ist vor allem seit den 1990er Jahren stark angewachsen
- Ab den 1990er Jahren setzte in der dt. Gegenwartsliteratur ein Trend ein, den man als Besinnung auf die eigenen Wurzeln beschreiben kann
- Ähnlich wie bei der Väterliteratur erscheinen seit Jahren Bücher von Autoren, von Vertretern der 68er Generation und von denen der Enkelgeneration, die ihr Augenmerk auf die Vergangenheit der eigenen Familie richten und zwar auf die nationalsozialistische Vergangenheit
- Das Auffallende an dieser neueren Erinnerungskultur ist, dass sie wie ein Indikator Auskunft über die deutsche Mentalität gibt, denn die Sichtweise auf die Problematik des Holocaust und der noch immer brisanten Frage nach der individuellen sowie kollektiven Schuld scheint sich verändert zu haben
- Den Erzählern geht es nicht mehr um eine Abrechnung
- Da die Verurteilung der Täter inzwischen vollzogen worden ist, wenden sie sich einer Grauzone zu, in der die Trennung von Opfern und Tätern nicht mehr eindeutig zu leisten ist -> Unterschied zu den früheren Versuchen der lit. Verarbeitung von Vergangenheit
- Die kollektive große Geschichte wird im Kleinformat von Familiengeschichten erzählt und es werden private Innensichten mit Außensichten verbunden
  - ➢ Oft wird auf die Form des Familienromans zurückgegriffen, da diese es möglich macht, kollektive Geschichte im Format von exemplarischen Familiengeschichten zu erzählen, wodurch auch die enorme Diskrepanz zwischen offizieller und privaterErinnerung transparent wird
- Oftmals kommt es zur Annäherung an die Familiengeschichte, indem sich in den Werken auf eine (fiktive) Reise in die geheimnisvolle o. ungeklärte Vergangenheit der Großeltern oder Eltern begeben wird
- Oft werden die Protagonisten auch bei ihrer Spurensuche von einer Ahnung oder dem Wissen, dass die Eltern/ Großeltern in nationalsozialistische oder antisemitische Aktionen verwickelt waren

- Die Familiengeheimnisse resultieren meist aus den Lücken in der Überlieferung oder Erinnerung -> fehlende Fotos, verborgene Dokumente, manisch aufbewahrte Erinnerungsstücke o. lückenhafte Aufzeichnungen setzen oft die Spurensuche in Gang
- Darstellungsweise der Familiengeschichte ist in der gegenwärtigen Erinnerungsliteratur vielfältig: es überwiegen autobiografische Elemente; Mischform von Sachbuch und Erzählung, von Dokumentarbericht und ergänzender Kommentierung ist auffällig
- Für die literarischen Arbeiten werden meist dokumentarische Belege herangezogen, wahrscheinlich aus dem Grund, da den Schriftstellern persönliche Erfahrungen und Erinnerungen aus dieser Zeit fehlen; aber eben auch, weil das eigene allgemeine historische Wissen im Zusammenhang mit der familiären Geschichte steht
  - ➤ Trotz des allgemeinen Wissens über diesen Teil der deutschen Geschichte, sind noch längst nicht alle Bereiche aufgearbeitet wurden; es herrschen Lücken, blinde Flecken vor, die gefüllt werden müssen, um die Vergangenheit zu rekonstruieren (der gesell. Prozess der Vergangenheitsbewältigung hält nun schon seit über 60 Jahren an und die Auseinandersetzung mit der Vergangenheit dringt in weitere Bereiche vor (es gibt einen historischen, kulturellen, juristischen, psychologisch-soziologischen Blick)immer wieder werden neue Aspekte herangezogen zur Klärung und Betrachtung der nationalsozialistischen Geschichte Deutschlands: Wehrmachtsausstellung -> räumte mit dem Bild der weißen Weste der Wehrmacht auf und weist auf die Verbrechen und Massenmorde an Zivilisten seitens der Soldaten während des Krieges)
  - ➤ Erzählstruktur der Werke gleicht oft auch dem Versuch einer historischen Rekonstruktion, nach der Devise, das möchte man wohl vergessen, darf es aber nicht

Spiegelland. Ein deutscher Monolog (1992), Kurt Drawert

- Text besteht aus 20 Monologen, ansatzweise wird in ihnen eine Romanhandlung erkennbar, es wird nicht linear erzählt
- Schreiben ist autobiografisch motiviert
- Text enthält ein reflektierendes Ich
- Es wird die Sprache, Sprachzweifel, aber auch Schwierigkeiten des Schreibens selbst thematisiert
- Drawert reflektiert die Geschichte seines Deutschlands, in dem er gelebt hat, dadurch dass er ein Ich von Vaterfiguren Abschied nehmen lässt
- Spiegelland gehört zu der Väterliteratur, dadurch das mit den Lügen und dem Verschweigen in der Familie mit dem Vater abgerechnet wird
- Die Verspätung um mehr als 10 Jahre lässt sich mit Drawerts DDR-Herkunft erklären, da er eine Ablehnung des sozialistischen Staates und eine solche Abrechnung mit der Vergangenheit gar nicht hätte veröffentlichen können
- Roman stellt eine Abrechnung mit der bis heute nicht völlig ehrlichen, offenen und konsequenten gesell. Vergangenheitsbewältigung
- Ausgangspunkt für Drawerts essayistischen Roman stellt der Begriff „Heimat" bzw. die Negation „Heimatlosigkeit"; er kann vom Begriff Heimat nicht loslassen; für ihn stellen Sprache und Heimat eine Verbindung dar -> im Text versucht ein Ich sich seiner Sprache zu vergewissern, da es sich insgesamt seiner Existenz vergewissern will -> und dieser Versuch prägt die Struktur des ganzen Textes
- Es wird eine Scheu, Ängstlichkeit beim Sprechen beschrieben, die durch ein Leben in der DDR hervorgerufen wurden; das Ich ist darum bemüht die Beschädigungen, die es erlitten hat, zu erkennen

- DDR wird als abgestandenes kleines Land im Osten beschrieben, das nun nicht mehr existiert, dich mit dem Fall der Mauer und der Auflösung des DDR-Staates ist die Sprache noch lange nicht gestorben u. existiert weiter
- -> das Ich versucht die Verformung der Innenwelt durch die Beschaffenheit der Wörter zu erforschen und ihr Herr zu werden
- Diese Verformung der Innenwelt durch die Sprache hat beim Ich zu einer Abwehrhaltung geführt, die sich durch Sprachverweigerung äußert -> redet als Kind nicht mit Vater o. Großvater -> er verweigert die Identifikation mit dem Vater, der wiederum möchte, dass sein Sohn so wird wie er
- Der Vater repräsentiert in den Augen des Ichs eine verhasste Ordnung, die sich in der Sprache manifestiert
- Sprache wird verweigert, da dies eine Form der Unterwerfung gewesen wäre
- Als Jugendlicher gehört das Ich dann zu den bummelnden und trinkenden; er versucht die Eltern, seine Herkunft zu vergessen
- Immer wenn der Vater spricht, ist da das Gefühl, dass etwas Fernes, Fremdes gesprochen hatte -> Hören u. Sprechen werden zu einem Erlebnis der Angst, da das Gefühl entsteht, dass das Sprechen keinen gesicherten Sinn ergibt
- Vater und Sprache sind eng miteinander verbunden u. der Vater repräsentiert in den Augen des Ichs die DDR, dem Herrschaftsanspruch der DDR entzieht sich das Ich von Kindheit an
- Das Sprechen des Vaters wird mit den Begriffen Täuschung, Leer, Lüge charakterisiert und diese Charakterisierung bezieht sich auf die DDR
- DDR wird als Land beschrieben, in dem alle in einer „Illusionsgeborgenheit" gelebt haben
- Das Ich lehnt die Identität mit seiner Herkunft ab bzw. er lehnt das Herkunftsland ab, da es das Land der Väter und Großväter ist; v.a. da das Ich von der Kriegsteilnahme des Großvaters erfährt (findet im Schuppen eine Fotografie, auf der Großvater in Uniform abgelichtet ist)
- Dieses Foto widerspricht der offiziellen Familiengeschichte, in der der Großvater aktiver Widerstandkämpfer war, der nach der Heimkehr als ungebrochener Marxist den neuen Staat mit aufgebaut hat
- In Wirklichkeit war der Großvater Parteimitglied der NSDAP (Vater des Ich sollte zu Kriegsende alle belastenden Dokumente, Briefe, Nazibücher vernichten u. in der Familie war man sich einig, dass über die Nazivergangenheit des Großvaters geschwiegen werden sollte)
- Durch die Darstellung der Lügen in der Familie und der Entlarvung dessen wird eine Parallele zum falschen Anspruch der DDR gezogen, mit der faschistischen Vergangenheit gründlich abgeschlossen zu haben
- -> Großvater repräsentiert durch seine geschönte Biografie den offiziell behaupteten Antifaschismus der DDR
- Wut des Ichs wächst, als es nun nach dem Ende der DDR erleben muss, dass diejenigen, die ihre faschistische Vergangenheit verschwiegen haben, jetzt ihre DDR-Vergangenheit verschweigen werden
- So wie das Ich zuvor die Anpassung verweigert hat, verweigert es nun den opportunistischen Konsens, den das Ich unter seinen DDR-Mitbürgern erblickt
- Es ist eine Abrechnung mit dem Vater: im 15. Monolog: Vater hat Herzinfarkt u. liegt auf der Intensivstation -> Ich kann ihn beim Besuch nicht finden o. will es vielleicht auch nicht
- Auch Schwierigkeiten zum Schreiben zu gelangen, um mit der Vergangenheit abzuschließen wird im vorletzten Monolog thematisiert: Ich kann sich nicht von den Bildern der Vergangenheit befreien; Ziel des Schreibens war über seine Herkunft und die Geschichte des Großvaters u. Vaters zu schreiben, um dies dann alles vergessen zu können -> doch Schreiben erlöst das Ich nicht und fühlt sich in einer endlosen Schleife gefangen (letzte Satz sind wieder Lüge, Verschweigen Schlüsselbegriffe

<u>Am Beispiel meines Bruders</u>

- Timm gehört der 68-er Generation u. damit jener Generation, die Schriftsteller hervorgebracht hat, die in den 70er und 80er Jahren Bücher über ihre Väter geschrieben haben
- Doch Timm schreibt mit seinem autobiographischen Roman nicht die Tradition der Väterliteratur fort
- Sein Erinnerungsbericht ist der nationalsozialistischen Vergangenheit seiner Familie gewidmet, aber nicht ausschließlich dem Vater
- Eigentliche Absicht ist, sich dem älteren Bruder anzunähern -> aus dieser Annäherung kommt es auch zur Auseinandersetzung mit dem Vater und der Mutter
- Es ist eine Familiengeschichte, die exemplarisch für die deutschen Familien der 68er Generation steht (Titel verweist bereits darauf)
- Auslöser fürs Schreiben stellt der Tod seiner engsten Familienangehörigen dar (wie bei vielen Autoren der Väterliteratur), doch es geht hierbei nicht um den Bruch mit der Familie, um eine Abrechnung, sondern um eine bewusste Hinwendung zur Familiengeschichte; es stellt eine bewusste Konfrontation mit der Wahrheit dar; ein Erinnern der familiären Verstrickung in den Nationalsozialismus
- Das Erinnern ist eine Suche nach den Antworten auf Fragen: Inwieweit wurde sich in der Familie mit den Verbrechen des Nationalsozialismus auseinandergesetzt, warum wurde geschwiegen, wieso konnten sich die Eltern, der Bruder ihre Mitschuld an dem Geschehenen nicht eingestehen
- Die Beschäftigung mit dem Tagebuch des Bruders und seinen Briefen an die Familie beunruhigen den Ich-Erzähler, denn er kann in den Aufzeichnungen nicht direkt erkennen, ob der Bruder sich seiner Täterschaft bewusst war -> der kritische Blick auf das Kriegsgeschehen, das Infragestellen der Richtigkeit des Krieges seitens des Bruders wird von Timm vermisst
- Zudem gewinnt Timm keine Klarheit, ob der Bruder an den Morden an den Zivilisten beteiligt war oder nicht, der Tagebuchabschluss des Bruders lässt Timm hoffen, dass der Bruder dem Kriegsgeschehen letztendlich negativ gegenübersteht und sich der eigenen Täterschaft bewusst ist, oder zeigt der Abschlusssatz letztendlich nur, dass der Bruder einem Schuldeingeständnis aus dem Weg geht
- Über die Erinnerung an seine Familie, an den Charakter und das Verhalten des Vaters versucht Timm auch herauszufinden, warum sein Bruder sich damals freiwillig zur SS gemeldet hat
- Erklärungen werden im Vater gefunden, dessen Denkweisen und autoritäre Erziehung
- Für Vater waren die alten Werte aus der Kaiserzeit wie Gehorsam, Vaterlandsliebe, Tapferkeit und Ehre von großer Wichtigkeit -> der Bruder wurde auch immer als tapfer und braver Junge beschrieben -> so hat der Bruder diese Werte vielleicht verinnerlicht und nicht gegen die Strenge des Vaters rebellieren wollen/ können
- Im Zusammenhang mit den Werteüberzeugungen des Vaters wird auch die Vergangenheitsbewältigung der Vätergeneration thematisiert -> so wird über das Schweigen und Verdrängen der Väter von der eigenen Teilhabe und der eigenen Schuld an den Gräueltaten, dem Ausweichen erzählt (man habe auf Befehl gehandelt, du warst nicht dabei und kannst das nicht verstehe) -> statt sich damit auseinander zu setzen, inwieweit man selbst Schuld an dem trägt, was geschehen ist, was man hätte anders machen können, debattieren die Väter darüber, wie der Krieg hätte doch noch hätte gewonnen werden können ohne sich zu fragen wie der Krieg mit den nationalsozialistischen Verbrechen zusammenhing; vielmehr sahen sich die Väter auch als Opfer, auch sie erlitten im Krieg Schicksalsschläge: Verlust des eigenen Heims (Bombardierung Hamburgs), Armut und Hunger nach dem Krieg
- Nur Mutter zeigt ansatzweise ein Schuldeingeständnis: meint, man habe etwas gewusst, man hätte nachfragen müssen, wo die Nachbarn verblieben sind

- Das Prosawerk bewegt sich zw. Lebensbeschreibung, Familiengeschichte und Autobiografie; es stellt eine retrospektive Erinnerungsarbeit dar, bei der neben eigenen Erinnerungen an den älteren Bruder und an die Familie auch Feldpostbriefe des Vaters und des Bruders sowie das Kriegstagebuch des Bruders zur Verfügung stehen; zudem werden Wehrmachtsberichte, Tagesbefehle führender Generäle, Nazi-Reden oder auch reflektorische Exkurse des Erzählers eingeschoben
- Eigene Erinnerungen werden mit dem Vorgefundenen Dokumenten und dem historischen Wissen verknüpft und in einen Zusammenhang gestellt -> die Dokumente und das Verhalten der Eltern, der ganzen Generation, wird in einen Gesamtkontext gestellt und versucht daraus Schlüsse zu ziehen
- Es geht nicht um die Verurteilung der Familienangehörigen oder einzig in ihnen die Schuldigen für die Nazi-Verbrechen zu sehen (Täter sind inzwischen gefunden, verurteilt)
- Vielmehr stellt es einen Versuch dar, nachzuvollziehen und in Ansätzen auch zu verstehen, wie es dazu kommen konnte, dass seine Familie indirekt das Hitler-Regime unterstützte, indem sie s duldete; vorrangig wird ein Unverständnis und eine Ratlosigkeit darüber zum Ausdruck gebracht und direkte Urteile bleiben aus

<u>„Himmelskörper" Tanja Dückers (2003)</u>
- Vor dem Hintergrund des im Januar 1945 gesunkenen Flüchtlingsschiffes „Wilhelm Gutsloff" wird die um ein Geheimnis kreisende Geschichte einer drei Generationenumfassenden Familie im Westdeutschland der 70er Jahre erzählt
- Erzählperspektive ist die der Enkelgeneration
- Protagonistin: Eva Maria Sandmann, genannt Freia -> erzählt ihre Familiengeschichte, erstreckt sich über einen Zeitraum von knapp 30 Jahren
- Eigene Schwangerschaft ist Auslöser für die Auseinandersetzung mit der Vergangenheit ihrer Familie
- Schwangerschaft macht ihr bewusst, dass sie zum Fortschreiben der Familiengeschichte beiträgt -> daher begibt sie sich auf die Suche nach dem Familiengeheimnis -> das vermutet sie hinter den Kriegserzählungen der Großeltern und dem merkwürdigen Verhalten der Mutter
- Stück für Stück werden eigene Erinnerungen wachgerufen, bestehen meist aus erinnerten Gesprächssituationen aus ihrer Kindheit, zudem befragt sie in der Romangegenwart ihre an Alzheimer erkrankte Großmutter nach dem genauen Hergang der Flucht aus Ostpreußen -> der Verdacht, dass die Großeltern Nazis gewesen sein könnten, nimmt am Ende deutliche Züge an und bestätigt sich letztendlich
- -> bei der Wohnungsauflösung der Großeltern nach dem Tod derer findet sie Dokumente, die belegen, dass die Großeltern überzeugte Parteimitglieder waren; selbst Rassenlehre praktizierten (Gesichter wurden auf edle u. unedle Züge untersucht)
- Suche nach dem Familiengeheimnis wird von diversen Nebenhandlungen eingerahmt (Rückblende auf die Geschichte der Zwillinge; Vater wird als Ehebrecher entlarvt,
- Freias Suche nach einem bestimmten Wolkentyp zieht sich wie die Suche nach dem Familiengeheimnis wie ein roter Faden durch den gesamten Roman und bündelt alle Handlungsstränge miteinander
- Auch hier kommt der Widerspruch zum Tragen, dass einerseits ab den 60er Jahren öffentlich die Konfrontation und Auseinandersetzung mit der nationalsozialistischen Vergangenheit erfolgte (wird in der Schule thematisiert, allerdings mehr auf Fakten beschränkt, als dass eine kritische Auseinandersetzung erfolgte), man über den Holocaust und den Nationalsozialismus informiert ist, aber andererseits sich das Schweigen oder auch Verschweigen im privaten Bereich bis zur Enkelgeneration fortsetzt

- Das Erinnern an die Familie und ihre Erlebnisse in der Vergangenheit bereiten Freia keine Überwindung oder Mühe (im Gegensatz zu Timms Werk)
- Rätselhafte stille, in sich gekehrte Verhalten der Mutter wird in Verbindung mit einem Familiengeheimnis gebracht -> das möchte die Protagonisten aufdecken
- In der Familie wurde meist immer wieder über die Flucht der Familie von Gotenhafen nach Deutschland erzählt -> stellte ein Familienritual dar, waren die Abende vor dem Kamin, doch vonseiten der Großeltern wurden immer Details verschwiegen und bei Nachfragen wurde ausgewichen
- In einer Situation bekennt sich der Großvater offen zur nationalsozialistischen Ideologie: in einem Gespräch über Bienen vergleicht er die Kuckucksbienen mit den Juden, die seines Erachtens nutznießerisch und berechnend sind und die es gilt zu verjagen
- Zudem erfährt Freia, dass ihre Mutter als kleines Kind selbst in die in den Nationalsozialismus verstrickt war, sie hat es nie überwunden u. wählt am Ende den Freitod (steht für ihr Schuldeingeständnis), mit dem Freitod geht die Mutter aber auch einer Aufarbeitung aus dem Weg
- Freia ist es unmöglich ihr Bild von den Großeltern mit dem Wissen über ihre Nazi-Vergangenheit zu verbinden; sie akzeptiert den Widerspruch zw. ihrer persönlichen Erinnerung und der Wirklichkeit, da sie sich kein Urteil über die Großeltern erlauben will
- Freia und auch Paul fühlen sich sehr von der nationalsozialistischen Vergangenheit ihrer Familie belastet; sie haben das Gefühl die Last nun weiter in die Zukunft tragen zu müssen und auf immer damit verbunden sein zu müssen und es an ihre Kinder weitergeben zu müssen -> um die Vergangenheit verarbeiten zu können, sehen sie in der Verschriftlichung ihrer Erinnerung und Familiengeschichte eine Möglichkeit der Verarbeitung ohne in Zukunft sich in das Netz von Schweigen oder Verschweigen verstricken zu müssen und dadurch der Gefahr des Vergessens zu entgehen
- Das Buch über ihre Familiengeschichte wird dadurch zu einer Gedächtnisstütze und verbindet zudem ihre Vergangenheit mit der Gegenwart (sie sehen sich als ein Teil der Familiengeschichte)
- Allg. Kritik am Roman: Roman wird als gescheitert angesehen, da er im Versuch einer familiären Geschichtsbewältigung stecken bleibt; die Bereitschaft, sich ein eigenes Bild von der Vergangenheit der Familie zu machen, geht nicht weit genug; auf die Großeltern fällt kein schlechtes Bild, obwohl sich herausstellt, dass die Großeltern von der nationalsozialistischen Ideologie überzeugt waren, so dass eine Schonung der Tätergeneration offenbar wird

Unscharfe Bilder, Ulla Hahn

- Aukoriale Er-Erzähler
- Lehrerin Katja Wild meint bei der Ausstellung „Verbrechen im Osten" ihren Vater Musbach unter den Soldaten auf einem Foto erkannt zu haben; daraufhin konfrontiert sie ihren alten Vater mit dem Ausstellungskatalog und zwingt ihn, ihr von seiner Zeit im Rußlandkrieg zu erzählen
- Für Musbach beginnt damit ein schmerzhafter Erinnerungsprozess -> wird durch das starke Nachfragen und Insistieren der Tochter vorangebracht; sie fragt v.a. nach der persönlichen Schuld des Vaters während seines Soldatendaseins im Rußlandfeldzug u. will wissen, ob der Vater an der Tötung von Zivilisten beteiligt war
- Am Ende des Romans offenbart ihr der Vater seine persönliche Verstrickung in die Verbrechen der Wehrmacht und gesteht sich und seiner Tochter seine persönliche Schuld ein
- Die Tochter hat gehofft, sich über die Erinnerungen des Vaters und seine Schilderungen ein klareres Bild von der Vergangenheit und von den Taten des Vaters machen zu können; aber die Geschichte des Vaters bleibt für sie am Ende weiter unscharf
- Doch sie kommt zu der Erkenntnis, nicht über die Taten des Vaters richten zu können -> sie kann nur mit ihm reden, ihm zuhören, um sich seiner Vergangenheit anzunähern

- Es ist ein rein fiktiver Roman; die privaten Erinnerungsgespräche sind fiktiv und mit dem offiziellen Erinnerungsdiskurs der „Wehrmachtsausstellung" verbunden
- Der Roman bewegt sich im Spannungsfeld von individueller Sichtweise und objektivem Geschichtswissen; am Ende ist dem Leser keine eindeutige Entscheidung für eine der beiden Aspekte gegeben -> wurde als Beitrag zur neuen dt. Opferkultur angesehen; doch Roman will nicht aus Tätern Opfer machen; es wird die Schwierigkeit thematisiert, nicht selbst Erlebtes begreifen, verstehen zu können -> eigene Erinnerung und öffentliche Erinnerung klaffen zwangsläufig auseinander
- Es wird die Funktion des Erinnerns herausgestellt; einmal dass Erinnerungen nicht einfach vorhanden sind oder verschwinden, sondern über Kommunikation gebildet werden (durch das Nachbohren der Tochter werden die Bilder bei Musbach wieder hervorgerufen und drängen wieder ins Bewusstsein, wobei er der Tochter von Erlebnissen berichtet, die er bisher noch nie erzählt hat)
- Mittels der Figur Musbach wird die Kultur der Erinnerung dargestellt -> bei dem Vortrag über Gedächtniskunst stellt er selbst besonders die Kultur des Vergessens heraus, die Bedingung für das Erinnern sei und zudem, dass das Vergessen können die Hälfte des Glücks sei
- Er selbst hat die Thesen der Kunst des Vergessens verinnerlicht und angewandt -> hierbei wird Bezug auf den Vorwurf der 68er Generation an ihre Eltern genommen, da deren Vergangenheitsbewältigung aus Schweigen und Vergessen bestand => in dem Generationskonflikt zw. Katja und Musbach spiegelt sich der typische Konflikt zw. 1. Und 2. Generation wider (Väterliteratur); doch Katja verurteilt nicht den Vater aus moralisch überlegeneren Standpunkt heraus, sondern fordert ihn auf, sich seiner persönlichen Verstrickung zu stellen -> die generelle Verstrickung der Deutschen und die Schuld der Deutschen für das Ausmaß des Nationalsozialismus hat der Vater von Beginn an anerkannt und forderte stets, dass die Deutschen für die Vergangenheit Verantwortung übernehmen müssen u. sich kritisch damit auseinandersetzen müssen, auch damit sich die Geschichte nicht wiederholt
- Anfänglich zeigt Vater eine Abwehrhaltung, will sich nicht mit der eigenen Vergangenheit auseinandersetzen; bei ersten Gesprächen wendet er Ausweichstrategien an (Beschreibungen der Landschaft, bei der Schilderung der Ereignisse erzählt der Vater immer nur vom Kollektiv der Soldaten „WIR"; er flüchtet sich in die Antike, die schließlich aus der großen Distanz rein objektiv betrachtet werden kann)
- Im Mittelteil nimmt der Vater in den Gesprächen zunehmend eine aktive Rolle ein und entwickelt ein eigenes Interesse an den Gesprächen (er drängt zum Weiterreden, Katja zweifelt, je mehr sie erfährt, ob es Sinn macht, die Geschichte in den Gesprächen zu kostruieren); dem Vater wird durch die begonnenen Erinnerungsgespräche bewusst, dass er weiterzählen muss u. sich seiner Vergangenheit stellen will
- Viele Fragen an die Verstrickung der ersten Generation in die Verbrechen des Nationalsozialismus bleiben am Ende offen -> Probleme des Verdeutlichen der eigenen Erfahrungen, der eigenen Zwiespälte werden nicht aufgelöst; Fragen ob und wie man Verständnis für die Täter aufbringen kann, d.h. der Konflikt zwischen Wissen und Verstehen wollen aber nicht können; der Generationskonflikt zw. Anklage und Empathie bleibt offen
- Katja ist es am Ende, die das Schuldeingeständnis des Vaters nicht annehmen will und versucht sein Handeln zu entschuldigen
- Bezüglich des Titels: meint die Leerstellen in der Vergangenheitsbewältigung allg. und besonders in den Erzählungen der 1. Generation; die Unschärfe machen Erinnerungsgespräche erst möglich, scharfe Bilder werfen keine Fragen mehr auf und ermöglichen keinen Dialog

Der Verlorene, Hans Ulrich Teichel (1998)

- Handelt von der Trauer der Eltern um ihren auf einem Flüchtlingstrek vom Osten in den Westen verlorenen Sohn und den jahrelangen verzweifelten Nachforschungen nach diesem
- Prosawerk wird auch als Novelle angesehen: für den Ich-Erzähler, und damit für die Novelle, ist die Tatsache, dass der totgeglaubte Bruder vermutlich lebt u. möglicherweise in die Familie integriert werden soll, eine unerhörte Begebenheit
- Die Charaktere spiegeln unterschiedliche Mentalitäten und Umgangsweisen mit der Vergangenheit wider
- Auch hier geht es um Schuld, und zwar in Form einer nicht bewältigten Vergangenheit -> dies wirkt sich negativ auf die Familiensituation aus (Eltern flüchten sich in Arbeit); die Vergangenheit, der Schicksalsschlag der Eltern dominiert die Gegenwart -> die Eltern projizieren ihr Schuldgefühl auf ihren zweiten Sohn, so dass dieser sich stets selbst schuldig fühlt ohne recht zu wissen für was
- Die Schuld der Eltern verhindert es, sich ihrem zweiten Sohn zu widmen, ihn zu lieben und da sie sich auf ihren Arnold konzentrieren (auf ihre Schuld und die Hoffnung ihren 1. Sohn wiederzufinden und damit ihre Schuld begleichen zu können) vernachlässigen sie ihren anwesenden Sohn -> zweitgeborene spielt eine unbedeutende Rolle in der Familie (Fotos)
- Die Kindheit und Jugend des Ich-Erzählers steht nur unter dem Zeichen des verlorenen Bruders
- Das erlebende Ich ist kaum vom erzählenden, distanzierten Ich zu trennen -> dadurch ist das berichtende Protokoll des Kinder-Ichs möglich (parteiische,naiv- narzisstische Perspektive) sowie eine trockene Lakonik eine korrigierenden Erwachsenen-Ichs
- Die Erkenntnis, dass der Bruder noch lebt ist für den Ich-Erzähler eine konkret gewordene Bedrohung seiner Identität; nahm er vorher schon eine Randbedeutung in der Familie ein, so kommt nun die reale Gefahr hinzu, durch die mögliche Integration des Bruders in die Familie einen noch größeren Verlust der elterlichen Aufmerksamkeit zu erfahren
- Der Ich-Erzähler steigert sich in die Bedrohung durch den eventuell gefundenen Bruder rein und läuft dabei Gefahr, seine eigene Identität zu verlieren (Gesichtskrämpfe, im Spiegel sieht er Arnold) -> Angst vom verschollenen Bruder verdrängt zu werden (während die Hoffnung der Eltern mit den Untersuchungen steigt, dass das Findelkind Arnold ist, steigt beim Erzähler die Angst, sich für die Eltern ganz aufzulösen)
- Letztendlich ist der Ich-Erzähler der Verlorene -> wird deutlich am Ende: als sie das Findelkind heimlich beobachten, erkennt sich der Ich-Erzähler in dem Findelkind wieder => ist der Wendepunkt, das sich Wiedererkennen in dem Findelkind und damit im verlorenen ersten Sohn, dadurch erlangt der Ich-Erzähler letztendlich seine Identität (zuvor durch Bedrohung ist sich Erzähler seiner Identität unsicher, er überlegt ständig wie er der Gefahr entgehen kann) , nämlich eine Randperson in der Familie zu spielen und nicht beachtet zu werden
- Titel ist aber mehrdeutig: bezieht sich auf kindliche Erzähler, kann auch für „Der verlorene Krieg" stehen -> gerade in der frühen Nachkriegszeit waren Diskussionen darüber häufig, wie der Krieg hätte noch gewonnen werden können; wenn Deutschland nicht verloren hätte, dann hätte die Familie auch nicht flüchten müssen und Arnold wäre nicht verloren gegangen; zudem steht der Titel für Arnold, wobei dieser nicht nur der verlorengegangene Sohn ist, sondern Allegorie für die verlorene Heimat im Osten, für die verlorenen Güter und für das verlorene Lebensglück der Familie steht
- Mit „bösen Russen", „den Russen war alles zu zutrauen" wird deutlich wie dieses Denkmuster in der BRD in der Nachkriegszeit (zu Beginn des Kalten Krieges) tradiert wurde
- Indirekt gibt es Bezüge zur nationalsozialistischen Zeit: die anthropologisch-erbbiologische Abstammungsuntersuchung besitzt eindeutige Konnotationen an die nationalsozialistischen Praktiken der Ahnenbestimmung, d.h. der Erbbiologie und Rassenkunde (Schädelform abtasten, Gesichtsformen und Züge)

- Indirekte Verweise auf Holocaust und dessen Nichtbewältigung: Leichenfahrer in Heidelberg erzählt vom Leiter des neuen Krematoriums -> neuen Öfen sind leistungsstark, absolut sauber, Leiter nagt an Knochenresten
- Vater legt großen Wert auf kurz geschorene Haare; ist for Ordnung und Sauberkeit sowie Gehorsam
- Wirtschaftswunder wird in der Novelle als Verdrängungsprozess und Verweigerung der Trauerarbeit geschildert

Ein unsichtbares Land, Stephan Wackwitz (2003)
- Ist autobiographisch
- Wackwitz stellt sich nach langer Zeit dem „Erinnerungspalast" seines Großvaters, der eine reich dokumentierte Familiengeschichte hinterlassen hat -> hat ab Mitte der 50er Jahre bis 1973 in mehreren Bänden seine Erinnerungen unter dem Titel „Roman eines Lebens und eines Landes" für die Nachkommen verfasst
- Großvater: ein zutiefst protestantischer und deutschnational gesinnter Mann; war Soldat im I. WK, später evangelischer Pfarrer der dt. Gemeinde Anhalt im polnisch gewordenen Oberschlesien Nähe Auschwitz; von 1933-1939 im Endstadium des dt. Kolonialismus lebte er in Südwestafrika u. ab 1940 im märkischen Luckenwalde
- Enkel: begegnete dem Großvater mit Kälte, Trotz und Ignoranz; sie hatten keine vertraute innige Beziehung; daher sind seine Erinnerungen an den Großvater recht rar und unbedeutend -> deshalb beschäftigt er sich mit seinen schroffen Aufzeichnungen, in der Überzeugung hinter den sachlichen u. historischen Darstellungen in den Memoiren die Traumgestalten seines Landes zu sehen
- Der Familienroman wird erinnernd erzählt, dies erfolgt jedoch nicht chronologisch; auch wird sich nicht auf primäre Schriftzeugnisse wie Tagebücher bezogen, sondern die Memoiren sind bereits reflektierte Erinnerungen (Großvater fügt in Abhandlung Aufzeichnungen aus seinen Tagebüchern und kommentiert diese)
- Die chronologischen Aufzeichnungen des Großvaters werden vom Ich-Erzähler gesprengt und variiert und in einen diskontinuierlichen Erinnerungsprozess und in neue intertextuelle Bezüge hinein montiert
- Erzähler beruft sich hierbei auf die philosophische Botschaft Habermas: Erinnerung, Geschichte u. Wahrheit werden auf performativen Weg hergestellt -> es ist keine nacherzählende, sondern eine nachforschende Montagearbeit
- Durch diese Montagearbeit werden Verbindungslinien zw. der eigenen Identität und der völkischen Arroganz des Großvaters freigelegt; zudem wird dadurch der geistige Horizont, in dem sich der Großvater bewegte, aufgezeigt und erklärt
- Die deutschnationale Überzeugung des Großvaters, seine stolze Einstellung der deutschen Überlegenheit gegenüber anderen Völkern, die Berufung auf deutsche Werte wie Tapferkeit und Ehre finden ihren kontextuellen Ursprung im frühen deutschen Nationalsozialismus der Philosophie von Johann Gottlieb Fichte
- Die Ideen der „Reden an die deutsche Nation" werden mit den Aufzeichnungen des Großvaters zusammengestellt und der Erzähler sieht darin eine Übereinstimmung
- Zudem verweist der Erzähler darauf hin, dass die Fichte-Tradition nicht mit dem Nationalsozialismus zu Ende ging, sondern auch ihren Niederschlag im prophetischen Sprechen der deutschen Linken in den 70er Jahren fand
- Erst beim Lesen und Aufarbeiten der Memoiren erkennt der Erzähler gemeinsame verwandte Präferenzen und Erlebnisstrukturen
- Dem Fichtemodell für eine theoretische Nationenbildung/ -stärkung stellt der Erzähler eine andere Möglichkeit deutscher Tradition entgegen, die Schleiermacher repräsentierte

- Schleiermacher vertrat die Meinung, dass man sich im Verstehen der Vergangenheit und der alten Texte sich selbst versteht; und es ist nicht zwangsläufig festgemacht, wie man ist und wohin es führen muss
- Roman knüpft an die Auffassung Schleiermachers an, indem er durch die Erinnerungsarbeit zeigt, dass alle Ursprünge nur Fiktion, dass jede Tradition nur eine Geschichte ist, die auch anders ausgehen kann
- An einer Stelle heißt es, dass der I. WK nicht 1918 zu Ende ging, sondern bis 1989 weiterging -> damit wird das veränderte Geschichtsbewusstsein beschrieben, das vom Mauerfall u. der darauf folgenden polit. Wende in Europa herbeigeführt wurde
- **zuvor waren die Erinnerungen und Geschichtsbilder durch die Politik des Kalten Krieges beeinflusst; Vergangenheitsbilder waren stark stilisiert und standardisiert**
- **Nach Mauerfall veränderte sich der deutsche Vergangenheitsdiskurs -> dies zeigte sich in verstärkter Historisierung, in heftigen Debatten um den Holocaust und einer zunehmenden Enttabuisierung der bis dahin nicht anerkannten Leidensgeschichte der Deutschen im 2. WK**

Der Vorleser, Bernhard Schlink (1995)
- Erzählperspektive: Ich-Erzähler Michael Berg
- Es wird chronologisch erzählt, aber es gibt Vorgriffe, Kommentierungen u. Reflexionen
- Es gibt zahlreiche Fragesätze
- Das Denken in Kategorien von Gut und Böse wird kritisch hinterfragt; die aus diesem Denken resultierende Schwarz-Weiß-Malerei wird verurteilt, weil das Thema Holocaust viel zu komplex ist, um sich ein unumstößlich richtiges Urteil bilden zu können
- Die Charaktere stellen keine makellosen Helden dar; sie haben Ecken und Kanten, sodass es dem Leser unmöglich gemacht wird, sich mit einem von ihnen restlos zu identifizieren
- Jenseits aller Schwarz-Weiß-Malerei werden die Protagonisten vor Herausforderungen gestellt, die sie, allen guten Vorsätzen zum Trotz, eben nicht bravourös meistern; ihre Entscheidungen geben Anlass zur Kritik
-

Die Beschneidung, B. Schlink (2000)
- Personale Er-Erzähler; viele Fragesätze -> verdeutlichen die komplexe Auseinandersetzung und Reflexion der Problematik
- Zeigt, inwieweit die junge Generation die Last der Schuld der vergangenen Generation trägt und die Vergangenheit bis in die Gegenwart präsent ist; zudem zeigt es auch die Gefahr der Stigmatisierung und Verallgemeinerung -> Deutsche werden aufgrund der Vergangenheit als Nazis deklariert
- Während eines Studienjahres in New York verliebt sich ein junger Deutscher in eine Jüdin
- Durch Besuche bei der jeweiligen Verwandtschaft werden die beiden an die offenbar unüberbrückbaren, von den unterschiedlichen Familiengeschichten aufgebauten, Barrieren erinnert
- Um diese abzubauen, lässt sich der junge Mann beschneiden, doch seine Freundin bemerkt nichts
- Erkennend, dass dieses Zugeständnis die Wunden der Vergangenheit nichtschließen kann, beendet er die Beziehung

. Und obwohl dieser Erinnerungsboom vornehmlich von den Zeitzeugen dieses dunklen Kapitels deutscher Geschichte geleistet wird, melden sich zumal seit dem Aussterben der Erlebnisgenerationen vermehrt auch Angehörige der 2. und 3. Generation literarisch zu Wort..

- Die Vergangenheit blieb jedoch auch in den 90er Jahren lebendig: Sowohl der Holocaust und der Faschismus, als auch die jüngere Vergangenheit des geteilten Deutschlands waren Gegenstand der literarischen Auseinandersetzung. Besonders bei jüngeren Autoren war es allerdings nicht mehr erlebte Vergangenheit, sondern es wurde der Umgang mit kollektiver Erinnerung und Möglichkeiten der Spurensuche erprobt. Exemplarisch hierfür stehen Werke über das Dritte Reich wie Marcel Beyers *Flughunde* (1995) oder Bernhard Schlinks *Der Vorleser* (1995), oder aber W. G. Sebalds Roman *Austerlitz* (2001) über die Frage nach dem „Wie" von Erinnerung.

- Insgesamt ist die literarische Gegenwart von der markanten Zäsur des Jahres 1968, einer zyklischen Bewegung gegenläufiger Tendenzen – von Politisierung über Subjektivität zu Politisierung und Ästhetisierung – geprägt und kulminiert ab den 90er Jahren in einem Wiedererstarken der Fiktionalität und dem epischen Erzählen sowie einem Nebeneinander an literarischen Themen, Formen und Stilrichtungen.

BEI GRIN MACHT SICH IHR WISSEN BEZAHLT

- Wir veröffentlichen Ihre Hausarbeit, Bachelor- und Masterarbeit

- Ihr eigenes eBook und Buch - weltweit in allen wichtigen Shops

- Verdienen Sie an jedem Verkauf

Jetzt bei www.GRIN.com hochladen und kostenlos publizieren